LE MARI HERMITE,

COMÉDIE EN UN ACTE,

IMITÉE DE L'ALLEMAND DE KOTZEBUE:

Représentée, pour la première fois, sur le théâtre des Variétés-Étrangères, le 12 janvier 1807.

A PARIS,

CHEZ ANTOINE-AUGUSTIN RENOUARD,
RUE SAINT-ANDRÉ-DES-ARCS, n° 55.

M DCCC VII.

LE
MARI HERMITE,

COMÉDIE EN UN ACTE,

IMITÉE DE L'ANGLAIS.

PERSONNAGES:

LE BARON.
SON FILS.
HENRIETTE, femme du Baron.

Représentée, pour la première fois, sur le théâtre des Variétés-Étrangères, le 12 février 1807.

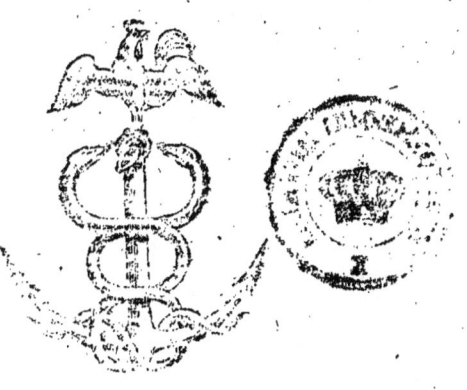

A PARIS,

CHEZ ARTHUS-BERTRAND, LIBRAIRE,
RUE HAUTEFEUILLE.

M. DCC. VII.

LE MARI HERMITE.

Le théâtre représente une forêt. D'un côté un hermitage, de l'autre une cabane.

SCÈNE PREMIÈRE.

HENRIETTE *seule, tenant une lettre.*

MAUDITE lettre!... elle troubleroit presque ma gaieté.... c'étoit donc là cette fidélité dont mon tendre époux se vantoit si souvent!... voilà bien les hommes! exigeans à l'excès; aveugles sur leurs fautes, ils sont sans indulgence pour nous.... il faudra donc, M. le Baron, me laisser, à la fois, tromper par votre inconstance et tourmenter par votre jalousie!... mais à quoi sert la plainte! mettons-nous en mesure, et d'abord relisons cette lettre qui me paroît si extraordinaire. (*elle lit.*)

« Madame, il y a sept ans que monsieur votre époux
« retenu ici par un procès, parvint à séduire une jeune
« fille qui est ma belle-sœur. Les conséquences en devin-
« rent tellement graves, qu'il fut obligé de demander le
« secret, en déclarant qu'il étoit marié. On lui promit
« de le ménager, s'il vouloit, en honnête homme, avoir
« soin de son enfant. Il s'y engagea, et a tenu d'abord
« fidèlement sa parole. Mais depuis trois mois, il paroît
« avoir oublié sa promesse. Sur ces entrefaites, la mère
« est morte, et a ordonné, au lit de la mort, de vous
« confier cet enfant à vous même et non à son père. Vos

« vertus, Madame, lui ont inspiré la plus grande con-
« fiance dans la générosité de votre ame. Une de nos
« parentes qui habite vos terres, vous amène le jeune
« Edouard. Étant partis avant hier, ils arriveront peut-
« être aussitôt que cette lettre. Si M. le Baron vouloit
« nier, sa conscience se réveillera sans doute, à la vue
« de son portrait, qu'il remit lui-même à cette pauvre
« fille et que nous donnons à l'enfant. C'est le seul héri-
« tage que lui laisse sa malheureuse mère. » A merveille,
M. le Baron! ainsi donc, il y a sept ans, six mois après
notre mariage, vous partez, en versant un torrent de
larmes, pour aller à cent lieues de moi, suivre un malheureux procès, d'où dépendoit votre fortune et la
mienne, et vous me promettez un prompt retour, et
vous tombez subitement amoureux, apparemment par
ennui! voilà donc cette taciturnité, ce regard sombre,
et tous ces mystères expliqués; et c'est à moi que cette
malheureuse femme repentante, au lit de la mort, confie
l'enfant de *l'erreur*. Quoiqu'il soit assez bizarre de me
demander un pareil service, elle ne sera pas trompée.
Je n'ai point d'enfants, j'adopte celui-ci. Mais mon
mari! me dérober son portrait, le donner à une autre!
me dire qu'il s'est égaré. Oh! cela est trop fort! M. le
Baron! vous m'en ferez raison! et vous méritez....
Malice féminine! inspire moi la plus prompte et la plus
adroite vengeance. Le petit Edouard son fils vient d'ar-
river; la bonne femme Watermans, chez laquelle il est
caché, demeure ici; je profiterai de tout cela.

SCÈNE II.

HENRIETTE, LE BARON, *au fond du théâtre.*

LE BARON, *à part.*

TOUJOURS cette maudite lettre! il faut qu'elle soit

SCÈNE II.

bien intéressante, car depuis hier au soir, voilà plus de dix fois qu'elle la lit !

HENRIETTE, *à part.*

Ah ! ah ! le voici ! (*elle cache la lettre.*)

LE BARON, *à part.*

Comment ! du mystère ! Oh ! rien n'est plus clair ; je ne dois pas voir cette lettre. On sait ce qu'on peut mander à une femme jeune et jolie ; et soit qu'elle l'ait écrite ou qu'elle l'ait reçue, il y est sûrement question d'amour.

HENRIETTE, *à part.*

Quel regard sévère !

LE BARON, *à part.*

Je crois qu'elle m'apperçoit ! elle a l'air embarrassé.

HENRIETTE, *à part.*

S'il a des reproches à faire, il devroit commencer par lui-même.

LE BARON, *à part.*

Ne voit-on pas clairement que sa conscience la tourmente ! (*il s'avance et salue son épouse avec ironie.*)

HENRIETTE.

Soyez le bien venu, Monsieur. Quoi ! déjà de retour de la chasse ?

LE BARON.

Et vous, Madame, que faites-vous près de cet hermitage, dans ce lieu presque désert ?

HENRIETTE.

Presque désert ! mais c'est souvent très agréable !

LE BARON.

Jadis on vous voyoit rarement ici.

HENRIETTE.

A l'avenir j'y viendrai plus souvent.

LE BARON.

Je le conçois. L'endroit est bien choisi, quand on a quelques projets ; quand on veut se livrer à ses réflexions.

HENRIETTE.

Pourquoi ne m'inspirez-vous que cela ?

LE BARON.

Mais enfin, peut-on connoître le but de cette promenade ?

HENRIETTE.

Comment ! vous ne le devinez pas ? mon cœur aime les souvenirs. Vous rappelez-vous le voyage que vous fîtes il y a sept ans ? moi, je ne l'oublierai jamais. Forcé de partir pour un malheureux procès, vous étiez inconsolable. C'est ici que je reçus vos adieux ; n'étoit-ce pas dans le mois de mai ?

LE BARON.

Abrégeons ces détails : à quel propos me parlez-vous de ce voyage ?

HENRIETTE.

Oh ! cela vient très naturellement. La grande route passe tout près d'ici ; vous vous arrachâtes de mes bras, je m'élançai après vous, je vous rejoignis, vous descendîtes de voiture pour me donner un dernier baiser ; j'emportai vos serments de tendresse et de fidélité, et je rentrai chez moi triste, mais pleine de confiance.

LE BARON.

Le passé pourroit-il vous occuper encore ? pardon, mais cela m'est un peu suspect. Vous souriez, et tout semble annoncer en vous que ce lieu est moins favorable aux souvenirs qu'aux rendez-vous.

SCÈNE II.
HENRIETTE.
Aux rendez-vous ?
LE BARON.
Oui, ou bien à quelque lecture mélancolique.
HENRIETTE.
Vous savez que, depuis mon mariage, je lis très peu.
LE BARON.
Cependant, depuis hier, je vous ai surprise, dix fois, lisant une lettre.
HENRIETTE.
Très intéressante !
LE BARON.
Ne puis-je la connoître ?
HENRIETTE.
Vous savez, mon ami, que je ne lis point vos lettres, vous ne lisez pas les miennes ; c'est une de nos conventions, et le plus sûr moyen de maintenir la paix dans tous les ménages.
LE BARON.
C'est très possible, mais je veux voir cette lettre.
HENRIETTE.
Où vous emporte votre jalousie ? quoi ! ma conduite ne vous inspire-t-elle pas une confiance entière ? jamais je ne manquai à mes devoirs d'épouse.
LE BARON.
Je le crois bien ! quand on a un mari aussi attentif.
HENRIETTE, *à part*.
Pour les autres.
LE BARON.
Qui évite toutes les occasions ; qui vous conserve son coeur.

HENRIETTE.

Et le mien, n'y comptez-vous pas?

LE BARON.

Oh! les femmes sont bien plus adroites que nous. Nous avons des principes; vous, des fantaisies. Nous écoutons la raison; vous, le plaisir.

HENRIETTE.

Eh! que deviendriez-vous sans cela?

LE BARON.

Vous riez; avec cette belle indifférence, vous croyez me tranquilliser, mais je ne suis pas aveugle; pourquoi vous trouvé-je ici? vous n'osez pas me le dire.

HENRIETTE.

Puisque vous l'exigez, je vous dirai qu'en effet un motif bien intéressant m'y amène.

LE BARON.

J'en étois sûr; et peut-on le connoître, ce motif?

HENRIETTE.

Pourquoi pas? je viens ici pour consulter.

LE BARON.

Consulter!

HENRIETTE.

Oui, consulter ce bon hermite, ainsi que cela m'est déjà arrivé plusieurs fois. J'ai un scrupule.

LE BARON.

Ah! vous avez un scrupule! et vous venez le confier à l'hermite! une femme ne doit faire de telles confidences qu'à son mari : lui seul doit connoître ses secrets.

HENRIETTE.

Mais commencez donc par me donner l'exemple de cette confiance.

SCENE II.

LE BARON.

Oui, si j'avois quelque chose à dire.

HENRIETTE.

Vous n'avez rien à vous reprocher ? vous ne m'avez jamais trompée ?

LE BARON.

....Jamais, et c'est pour cela que vous devez vous expliquer sur le champ ; je l'exige. Eh bien !... garderez-vous encore le silence ? vous n'osez avouer vos torts !... faudra-t-il employer d'autres moyens ?

HENRIETTE.

Doucement, doucement, Monsieur, vous vous emportez beaucoup trop ; ménagez-moi, vous m'avez interrompue, distraite, impatientée même ; ce n'est pas ainsi que je dois aborder le vénérable hermite. J'ai besoin de calme pour écouter ses conseils ; votre défiance m'a tout à fait troublée. Permettez que je me retire un moment dans la forêt pour me recueillir, rassembler mes esprits, et aller ensuite trouver le saint hermite. (*elle sort et se cache.*)

SCÈNE III.

LE BARON *seul*.

Aller trouver l'hermite ! (*il rit amèrement*) Ah ! ce n'est pas à moi qu'elle a quelque chose à confier ! je ne dois pas non plus voir cette lettre ! et j'avois la sottise de croire que la nature avoit, par privilége, créé pour moi seul, une femme parfaite ! voilà près de huit ans cependant qu'elle étoit fidèle à ses devoirs, et je me flattois déjà.... Hélas ! j'étois un fou ; et je pense maintenant, avec les sept Sages, que la plus constante des femmes, c'est celle qui cède un peu plus tard. Mais à quoi servent tous ces raisonnements ? Voyons, cherchons les moyens de m'instruire ; il faut faire l'impossible pour connoître la vérité ; c'est à cet instant, dit-elle, qu'elle va consulter l'hermite ; mais j'y pense, elle ne le trouvera pas, je viens de le rencontrer... il sortoit pour faire sa quête, et ma femme l'ignore. Elle va se présenter à lui... je pourrois... excellente idée ! oui, je peux prendre un de ses habits; la robe me déguisera parfaitement, j'écouterai tout, j'entendrai tout, je saurai quel est le perfide qui m'a enlevé son cœur ; oui, je l'écouterai, mais je ne lui pardonnerai jamais. Partons vîte avant qu'elle ne revienne. (*il entre dans l'hermitage.*)

SCÈNE IV.

HENRIETTE seule, riant.

Ah ! ah ! ah ! il se prend lui-même dans le piége ; oui, les hommes se ressemblent tous. Prêts à condamner, sur la plus légère apparence, ils n'écoutent que leurs passions. Aussi se sont-ils chargés de faire les loix ; les pauvres femmes ont toujours tort, et double tort quand elles ont raison. Eh bien ! moi, je veux venger mon sexe entier sur un seul homme. Je conviens que messieurs les maris sont difficiles à confondre ; ils nous trahissent et nient leurs infidélités ; c'est pour eux un plaisir de plus de tromper deux fois. Cependant, mon cher mari, j'espère bien vous humilier ; j'espère bien vous prouver. Mais le voici déjà, il se croit bien déguisé....

SCÈNE V.

HENRIETTE, LE BARON, *en habit d'hermite, la tête enveloppée dans le capuchon.*

HENRIETTE.

Je vous salue, mon révérend père.

LE BARON, *contrefaisant sa voix.*

Puis-je vous être de quelque utilité ?

HENRIETTE.

En ce moment, vous m'êtes très nécessaire ; mais je crains de troubler vos pieuses occupations. (*elle feint de sortir.*)

LE BARON.

Restez, Madame, restez : personne au monde ne vous écouteroit avec plus d'intérêt que moi !

HENRIETTE.

Que de bonté ! (*à part.*) Que de perfidie !

LE BARON.

Je vous écoute.

HENRIETTE.

Eh bien ! je vous avouerai donc.... mais je crains de m'expliquer.

LE BARON.

Rassurez-vous ?

HENRIETTE.

Si mon mari venoit....

LE BARON.

Il ne viendra pas.

HENRIETTE.

C'est que je viens précisément vous parler de lui.

LE BARON.

Parlez : (*à part*) ne perdons pas un mot.

HENRIETTE.

Eh bien ! je dois vous confier que mon mari est d'une humeur inégale, qu'il est impérieux, exigeant....

LE BARON.

Permettez ; est-ce la confession de votre mari que vous venez me faire ?

HENRIETTE.

C'est la mienne ; mais cette confidence va me mener à d'autres. Je vous disois donc que cet homme exigeant, jaloux à l'excès. (*le Baron fait un mouvement d'indignation*) N'ai-je pas entendu ?...

LE BARON.

C'est moi, continuez.

HENRIETTE.

Il suit en tous lieux mes pas, interprète la moindre démarche, il épie jusqu'à mon sommeil, jusqu'aux demi-mots qui peuvent m'échapper dans mes rêves, pour les expliquer avec malignité et les trouver coupables. Cependant il m'est cher, oui, très cher ! comment cela se fait-il ? n'est-ce pas une ivresse, une folie, un délire à moi de trouver encore aimable un pareil homme ? et ne comptez-vous pas cette foiblesse au nombre de mes plus grands torts ?

LE BARON.

Non assurément.

HENRIETTE.

Pensez-vous que je doive l'aimer encore ?

LE BARON.

Sans doute.

SCÈNE V.

HENRIETTE.

Mais si les liens du mariage devenoient trop pesants ?

LE BARON.

L'amour fait tout supporter.

HENRIETTE.

Oui, quand l'amour est réciproque.

LE BARON.

D'ailleurs, il peut se corriger.

HENRIETTE.

J'en doute. Mais maintenant, mon père, j'ai à vous avouer ce qui oppresse sur-tout mon cœur.

LE BARON.

Ah ! oui, c'est là le plus important à savoir.

HENRIETTE.

Je n'ai point d'enfants de M. d'Erlach.... et cependant.... je suis mère.

LE BARON, *furieux*.

Comment !

HENRIETTE.

Il y a près de sept ans.

LE BARON, *à part*.

J'ai peine à me contenir. (*haut*) Sept ans !

HENRIETTE.

Oui, j'ai un enfant qui a à peu près cet âge.

LE BARON.

Un enfant, et où est-il ?

HENRIETTE, *montrant la cabane*.

Voici la demeure de la femme qui en a soin.

LE BARON.

Ainsi vous trompez votre mari ?

LE MARI HERMITE,

HENRIETTE.

Ah ! comme il le mérite !

LE BARON, à part.

Oui, il le mérite ; il connoissoit les femmes, et il s'est marié ! (*haut*) Vous avez donc commis cette faute depuis votre mariage ?

HENRIETTE.

Hélas ! oui. La même année que mon mari passa presque toute entière en voyage.

LE BARON.

Et rien n'a été épargné pour l'éducation de cet enfant ?

HENRIETTE.

Rien ; on a fait passer en secret des sommes considérables.

LE BARON, *à part*.

Elle avoue tout ; (*haut*) et quels sont vos projets sur cet enfant ?

HENRIETTE.

Je prierai mon mari de l'adopter.

LE BARON, à part.

Quelle audace. (*haut*) Il en sera charmé.

HENRIETTE.

Je l'espère. Je me flatte même qu'il en fera un jour son héritier.

LE BARON, *à part*.

De mieux en mieux !

HENRIETTE.

Que dites-vous là ?

LE BARON.

Vous m'avez demandé des conseils ; il est affreux de manquer à sa foi.

SCÈNE V.

HENRIETTE.

Oui ; vous avez raison.

LE BARON.

Mais il est plus affreux encore de parler de constance quand on est infidèle.

HENRIETTE.

Ainsi que vous, j'en suis persuadée.

LE BARON.

Il n'y a pas de punition assez forte pour une semblable trahison !

HENRIETTE.

Je vous en fais juge.

LE BARON.

Allez, Madame, allez pleurer votre crime ; il est trop grave pour que je puisse conserver mon sang-froid. Un moment de réflexion me rendra le calme, et je vous dirai les moyens d'expier votre faute.

HENRIETTE.

Elle vous paroît donc....

LE BARON.

Impardonnable.

HENRIETTE.

Je ne l'oublierai pas. Mais, au moins, de grace, ménagez mon époux.

LE BARON, *à part.*

Perfide !

HENRIETTE.

Il fut toujours si fidèle !

LE BARON.

Voilà ce qui doit vous faire rougir.

HENRIETTE.

Ah! si jamais il commet quelque erreur, puisse-t-il ne pas rencontrer un juge aussi sévère que vous! (*elle le salue, et sort.*)

SCÈNE VI.

LE BARON *seul.*

FEMMES perfides ! la méchanceté d'un tigre n'est rien, non rien en comparaison de la fausseté de ce sexe trompeur.... Quelle incroyable assurance ! on auroit dit qu'il étoit question d'une autre. Je ne l'aurois jamais crue capable d'une dissimulation si profonde ! Mais poursuivons mon projet, et quittons à l'instant les habits de l'hermite. (*il rentre dans l'hermitage.*)

SCÈNE VII.

HENRIETTE *seule, se glissant furtivement sur la scène, en riant.*

HOMMES perfides ! la méchanceté du tigre n'est rien auprès de la fausseté de ce sexe trompeur ! Quelle incroyable assurance ! on auroit dit qu'il étoit question d'un autre. Je ne l'aurois jamais cru capable d'une dissimulation si profonde !... Il revient : achevons cette comédie. (*elle entre dans la cabane.*)

SCÈNE VIII.

LE BARON seul.

Il faut que je le voie ; oui, je veux le voir, cet enfant de ma coupable épouse. Il faut aussi que l'on me nomme l'infâme séducteur qui m'a ravi pour jamais, l'honneur et le repos ; qui m'a ravi le cœur d'une femme dont rien, je le sens, ne peut me consoler. Ah ! qu'il tremble, le perfide ! quelle que soit sa retraite, elle ne sauroit le dérober à ma vengeance ! quant à la parjure Henriette, j'obtiendrai qu'elle se retire dans un château isolé, et c'est une punition bien douce pour un aussi grand crime. (*il frappe rudement à la porte de la cabane*) Répondez, répondez.

HENRIETTE, *en dedans, contrefaisant sa voix.*

Qu'y-a-t-il ?

LE BARON.

Ouvrez donc.

SCÈNE IX.

LE BARON, HENRIETTE, *habillée en vieille paysanne.*

HENRIETTE.

Qui peut donc frapper si fort ?

LE BARON.

C'est moi, ton maître.

HENRIETTE.

Je crois en effet connoître votre Excellence.

LE BARON.

En ce cas, obéis.

HENRIETTE.

Quand vous aurez commandé.

LE BARON.

Tu élèves un jeune enfant ?

HENRIETTE.

Avec tous les soins d'une mère.

LE BARON.

Où est-il ?

HENRIETTE.

Dans cette chaumière.

LE BARON.

Va l'appeler.

HENRIETTE.

Viens, Henri, descends.

LE BARON.

A son aspect, je ne serai pas maître de moi.

HENRIETTE, *à part.*

Il ne sait plus où il en est.

LE BARON.

Eh bien !

HENRIETTE.

Le voici. Va, mon enfant, saluer ton père.

L'ENFANT.

Ce monsieur-là est donc mon père ?

SCÈNE IX.

LE BARON, *le repoussant.*

Eloigne-toi; je veux dire encore un mot à cette vieille. Connois-tu sa mère ?

HENRIETTE.

Beaucoup.

LE BARON.

Eh bien ! qui est-elle ?

HENRIETTE.

M. le Baron, vous faites l'ignorant! vous l'avez cependant bien aimée.

LE BARON.

Malheureusement.... et je m'en faisois gloire alors. La perfide Henriette ! mais elle est démasquée !

HENRIETTE.

Pas encore.

LE BARON.

Eh bien ! je veux une nouvelle preuve. Sais-tu le nom de sa mère ?

HENRIETTE.

J'ai une lettre de sa propre main.

LE BARON.

Va la chercher : et son père ?

HENRIETTE.

Je ne sais pas son nom, mais j'ai son portrait. C'étoit un beau jeune homme.

LE BARON.

Il cache sous des dehors aimables une ame bien dépravée. Va vîte, va me chercher la lettre et le portrait.

L'heure de la vengeance est arrivée ; je n'ai pas une minute à perdre.

(*Henriette sort et entre dans la chaumière.*)

SCÈNE X.

LE BARON, L'ENFANT.

LE BARON, *l'examinant.*

APPROCHE ici, malheureux enfant !

L'ENFANT.

Tu ne veux pas me faire du mal ?

LE BARON.

C'est tout le portrait de ma coupable épouse ; voilà ses yeux si doux et si perfides ; et je l'aimois, l'ingrate…. infortuné que je suis ! (*il tombe sur le banc de pierre.*)

L'ENFANT, *courant à lui.*

Tu as donc bien du chagrin ?

LE BARON, *le repoussant.*

Retire-toi.

L'ENFANT *tremble et tombe à genoux.*

Grace ! grace !

LE BARON.

Je ne me connois plus !

SCÈNE XI et dernière.

Les mêmes, HENRIETTE.

HENRIETTE.

Ah, Monsieur ! que faites-vous ?…. Ne crains rien, petit ami, il te servira de père.

SCÈNE XI.

LE BARON.

De père, moi, malheureuse ! Et cette lettre et ce portrait, qu'à l'instant....

HENRIETTE.

Le voici.

LE BARON.

Ciel ! mon portrait ! (*il lit, s'essuye les yeux, et se retourne vers sa femme qui, pendant la lecture de la lettre, s'est démasquée.*) Henriette ! chère épouse !

HENRIETTE.

Mon ami ! tu fus coupable, mais il est ton fils, et je serai sa mère. Maintenant, Monsieur, à genoux.

LE BARON *se met à genoux.*

Oui, c'est à tes pieds que j'implore mon pardon.

HENRIETTE.

Promettez-vous constance ?

LE BARON.

Pour la vie.

HENRIETTE.

Fidélité ?

LE BARON.

Pour la vie.

HENRIETTE.

Amour sans partage ?

LE BARON.

Pour la vie.

HENRIETTE.

Levez-vous : on vous pardonne.

LE MARI HERMITE.

LE BARON, *se levant*.

Chère épouse!

HENRIETTE.

Exemple à fuir pour tous les maris.

LE BARON.

Exemple à suivre pour toutes les épouses.

FIN.

Cette Pièce est la cinquième d'une Collection des meilleures pièces des théâtres allemand, anglois, etc. arrangées pour la scène françoise, et qui auront été représentées avec succès sur le nouveau théâtre des Variétés-Étrangères, établi à Paris, rue Saint-Martin.

Il en paroîtra environ trois par mois; toutes seront imprimées avec le même soin, et la réunion de ces pièces formera une Collection très curieuse de ce que les théâtres des autres nations de l'Europe offrent de plus nouveau et de plus piquant. Sans doute nous n'aurons à présenter à nos lecteurs rien qui puisse être comparé à Molière, à Regnard; mais la nouveauté a bien aussi quelque mérite, et la comparaison devra s'établir, non pas avec les chefs-d'œuvre de ces hommes immortels, mais avec les pièces nouvelles que les auteurs modernes font paroître avec plus ou moins de succès sur les divers théâtres de la capitale. On reconnoîtra que, si dans les pièces de notre Recueil, l'exécution *sent parfois son étranger,* l'invention en est presque toujours très ingénieuse, et les détails fort amusants.

Les personnes qui désireront se procurer ces pièces au moment même de leur publication, pourront souscrire pour cinquante feuilles d'impression, ce qui donnera environ douze comédies, chacune leur sera expédiée, franche de port, par la poste, le jour même de la publication.

Le prix de cet abonnement sera de 15 fr. pour Paris et les départements, et 18 fr. pour l'étranger.

LISTE

Des Pièces jouées au Théâtre des Variétés-Étrangères, *jusqu'au 18 mars 1807 inclusivement.*

Pièces en 5 actes.

Le Père de Famille ou les Chagrins domestiques, *Gemingen.*
Les deux Klingsberg ou Avis aux Vieillards, *Kotzebue.*

En 4 actes.

L'Epigramme ou les Dangers de la Satire, *Kotzebue.*
Le nouveau Cagliostro ou l'Illuminé, *Soden.*
Les Libellistes.
Célestine ou Amour et Innocence, *Soden.*

En 3 actes.

Le Créancier, *Lessing.*
L'Officier Suédois, *Kotzebue.*
Le Mari d'autrefois, *Kotzebue.*
Aurore ou la Fille de l'Enfer, *Soden.*

En 2 actes.

A quoi cela tient, *Garrick.*
La Fille de quinze ans, *Garrick.*
Le Schall.
Les Mœurs de Londres, *Garrick.*
Les Chaises à Porteurs, *Junger.*

En un acte.

Le Mari hermite, *Kotzebue.*
La Contribution de guerre, *Kotzebue.*
La Famille des Badauds.

www.ingramcontent.com/pod-product-compliance
Lightning Source LLC
Chambersburg PA
CBHW070541050426
42451CB00013B/3123